A urgência de fim

CB013260

SÉRIE LETRAS PSICANALÍTICAS ❸

A urgência de fim

LUIS IZCOVICH

aller

©2021 Aller Editora
A urgência de fim

Publicado com a devida autorização e com todos os direitos, para a publicação em português, reservados à Aller Editora.

É expressamente proibida qualquer utilização ou reprodução do conteúdo desta obra, total ou parcial, seja por meios impressos, eletrônicos ou audiovisuais, sem o consentimento expresso e documentado da Aller Editora.

Editora	Fernanda Zacharewicz
Conselho editorial	Andréa Brunetto • *Escola de Psicanálise dos Fóruns do Campo Lacaniano*
	Beatriz Santos • *Université Paris Diderot — Paris 7*
	Jean-Michel Vives • *Université Côte d'Azur*
	Lia Carneiro Silveira • *Escola de Psicanálise dos Fóruns do Campo Lacaniano*
	Luis Izcovich • *Escola de Psicanálise dos Fóruns do Campo Lacaniano*
Tradução	Renata Mattos-Avril
Revisão	André Luiz Rodrigues
Diagramação	Sonia Peticov
Capa	Wellinton Lenzi

Série *Letras psicanalíticas*
Primeira edição: dezembro de 2021
Primeira impressão: novembro de 2024.

Dados Internacionais de Catalogação na Publicação (CIP)
Ficha catalográfica elaborada por Angélica Ilacqua CRB-8/7057

I97u

    Izcovich, Luis

    A urgência de fim / Luis Izcovich. — São Paulo: Aller, 2021.
    32 p. (Letras psicanalíticas; vol 3)

    ISBN: 978-65-87399-24-9
    ISBN e-book: 978-65-87399-25-6

    1. Lacan, Jacques, 1901-1981 2. Psicanálise I. Título II. Série

21-5684   CDD 150.198
                                                CDU 159.964.2

Índice para catálogo sistemático
1. Lacan, Jacques, 1901-1981

Publicado com a devida autorização e
com todos os direitos reservados por

ALLER EDITORA
Rua Havaí, 499
CEP 01259-000 • São Paulo — SP
Tel: (11) 93015-0106
contato@allereditora.com.br

 Aller Editora • allereditora

AO ALCANCE DE TODOS

A Aller Editora nasceu do compromisso com a transmissão da psicanálise por meio da publicação de obras essenciais para a formação do analista. Desde sua fundação, firmamos o trabalho de parceria com nossos autores, logramos chegar a mais psicanalistas em nosso imenso país, ultrapassamos as fronteiras institucionais. Enfim, insistimos na convicção de que é possível ampliar o acesso às publicações psicanalíticas.

Aprendemos que se comemora dando um passo a mais em direção ao desejo. Como corolário disso, surgiu a ideia de disponibilizarmos periodicamente textos de nossos autores no formato de pequenos livros que pudessem ser baixados gratuitamente em qualquer computador, celular ou tablet.

A série teve como primeiro volume o ensaio *Do ideal de família à criação desproporcional*, de Pablo Peusner, e como segundo, *O Édipo feminino e seus destinos*, de Jean-Michel Vives. Publicamos agora o terceiro volume, *A urgência de fim*, de Luis Izcovich, autor de *As marcas de uma psicanálise*.

Nomeamos essa série "Letras Psicanalíticas", pois "letra" em francês se escreve igual a "carta" — *lettre*. Nosso desejo se estende por essas duas vias: que a carta chegue a seu destino, a todos os psicanalistas, e que a letra de nosso desejo continue se escrevendo.

FERNANDA ZACHAREWICZ
Editora

A urgência de fim

A propósito da urgência de fim, inicio com uma questão que me coloquei: por que Lacan, em um prefácio de introdução ao seminário 11[1], *Os quatro conceitos fundamentais da psicanálise*, não utiliza os termos que atravessam esse seminário, a saber: sujeito, transferência, pulsão, fantasia e mesmo aquele elaborado imediatamente em seguida, o sujeito suposto saber?

A questão ganha importância quando sabemos que ambos os textos, o seminário 11[2] e o

---

[1] LACAN, J. (1976) Prefácio à edição inglesa do Seminário 11. In: *Outros escritos*. Tradução de Vera Ribeiro. Rio de Janeiro: Zahar, 2003, p. 567-569.

[2] LACAN, J. (1964) *O seminário, livro 11: os quatro conceitos fundamentais da psicanálise*. 3ª edição. Tradução de M. D. Magno. Rio de Janeiro: Zahar, 1985.

"Prefácio", são fundamentais para a concepção da análise e do seu fim. São textos que têm a mesma visada: interrogar o advento do desejo do analista. Eles fundam, inclusive, o programa para uma avaliação do analista pelos analistas, sendo, portanto, de importância capital para o passe.

Lacan conclui o seminário 11 evocando o que viria depois da localização do sujeito em relação ao objeto *a*, momento em que a experiência da fantasia fundamental se transforma na pulsão. E Lacan se interroga: "O que se torna então aquele que passou pela experiência dessa relação, opaca na origem, à pulsão? Como, um sujeito que atravessou a fantasia radical pode viver a pulsão? Isto é o mais-além da análise, e jamais foi abordado"[3].

É o que justifica minha pergunta: como Lacan pôde escrever seu "Prefácio" sem levar absolutamente em conta não apenas sua própria questão, mas, como eu dizia, sem se servir mais dos termos que ele considera fundamentais para a psicanálise?

---

[3]*Ibid.*, p. 258, aula de 24 de junho de 1964.

Apresento-lhes a minha resposta, a qual desenvolverei, para, em seguida, debatermos sua pertinência. Minha proposta é que, *stricto sensu*, não se trata de um prefácio. É, sobretudo, uma oportunidade preciosa que Lacan encontra para evidenciar a distância por ele colocada entre sua própria concepção do tratamento analítico e a conclusão que ele havia indicado na época do seminário 11. Assim, a questão seria esta: tratar-se-ia de um prefácio ao seminário 11 ou de uma ocasião para Lacan apresentar um avanço teórico?

Tendo a acreditar que seja a segunda opção e, para lhes fornecer os motivos, sou obrigado a demonstrar o que é da ordem de uma continuidade em sua tese sobre a urgência, a evidenciar as descontinuidades nela presentes e a extrair daí as consequências.

Evidentemente, não pretendo ser exaustivo neste espaço. Porém, farei algumas observações nas quais me sustentarei para evocar o que está em jogo na abordagem de Lacan sobre a urgência correlata ao fim da análise.

Minha primeira observação: há algo que não muda na obra de Lacan. Assim, os dois grandes textos que dizem respeito à urgência são textos nos quais ela é colocada em um contexto teórico concernente à didática da análise.

Assim, em "Do sujeito enfim em questão"[4], ao relatar a distinção encontrada no pós-freudismo entre a psicanálise terapêutica e a didática, Lacan mostra que a análise didática constitui o que deveria ser visado em todas as análises.

Lacan liga, portanto, a análise terapêutica à didática. Para abordar as urgências, ele se dedica à resposta do analista, ao advento do sintoma e à operação sobre o sintoma. Recordo sua formulação: "haverá *psicanalistas* para responder a certas urgências subjetivas"[5]. A urgência subjetiva é colocada em conexão com a formação do analista, pois Lacan não diz "haverá um ou alguns

---

[4]LACAN, J. (1966) Do sujeito enfim em questão. In: *Escritos*. Tradução de Vera Ribeiro. Rio de Janeiro: Zahar, 1998, p. 229-237.
[5]*Ibid.*, p. 237.

psicanalistas", mas, sim, "haverá psicanalistas". Ou seja, uma pessoa em quem podemos atestar o advento do desejo do analista.

Lacan se interroga, então, sobre a responsabilidade do analista em sua resposta em um texto situado um pouco antes de 1967 e em sua "Proposição de 9 de outubro de 1967 sobre o psicanalista da Escola"[6]. A conexão é feita: o tratamento da urgência subjetiva é a instauração da transferência, e, ao afirmar que "se trata de tornar capaz o analista"[7], a ênfase é colocada na responsabilidade deste. Assim, Lacan demonstra que a psicanálise didática é, simplesmente, a própria psicanálise.

Segunda observação sobre o que não muda: Lacan não diz "as urgências subjetivas", mas "certas urgências subjetivas". Isso remete à necessidade de discernir as urgências suscetíveis de serem captadas pelo dispositivo analítico para

---

[6]LACAN, J. (1967) Proposição de 9 de outubro de 1967 sobre o psicanalista da Escola. In: *Outros escritos*, op. cit., p. 248-264.
[7]LACAN, J. (1966) Do sujeito enfim em questão. In: *Escritos*, op. cit., p. 231.

distingui-las de outras que não o seriam. Logo, quando Lacan, em seu "Prefácio", propõe a necessidade de pesar a urgência, ele retoma o que já havia apresentado no texto precedente.

Do mesmo modo, como indiquei, "Do sujeito enfim em questão" se situa imediatamente antes da "Proposição de 9 de outubro de 1967" e do matema do sujeito suposto saber. Assim, o que não muda é que a urgência na psicanálise é relativa à inclusão da transferência em relação àquilo que se precipita subitamente para um sujeito.

Há igualmente o que permanece de forma central e constante na obra de Lacan acerca das contingências. A análise é concebida como uma reordenação das contingências passadas em vista das necessidades a vir. Anunciada nesses termos em 1953, a contingência é abordada mais tarde a partir da saída de uma análise.

Entre as contingências passadas e as que virão, há aquelas que encontramos no decorrer de uma análise. É aí que se situa a marca de satisfação da análise, que é o postulado de Lacan no "Prefácio". Por que Lacan evoca a satisfação em termos de marca? Porque a satisfação de fim é uma contingência, no sentido de que ela pode ou não se produzir, mas, se ela se produz, isso se constitui como um acontecimento para o sujeito. É um acontecimento da mesma maneira que Lacan define o sintoma, como acontecimento de corpo. Há, portanto, uma contingência de fim que concerne ao corpo. Há, portanto, motivos para pensar que o que impele a urgência de fim é a urgência da vida como exigência, urgência do corpo.

A contingência pode impelir à saída-relâmpago, pela emergência de uma surpresa, de uma revelação-relâmpago. Mas há relâmpagos que cegam, como o amor à primeira vista. A única contingência válida é aquela que dá origem ao acontecimento.

Retomo agora o que muda com o "Prefácio". Se Lacan não conserva o termo "sujeito" é porque, nesse meio-tempo, entre o seminário 11 e o "Prefácio", ele introduz o termo *falasser*, que acrescenta, ao termo "sujeito", a dimensão do ser de gozo. Deixar de lado o termo "sujeito" explica o fato de Lacan não retomar o fim a partir do atravessamento das identificações. A única explicação válida é a reviravolta teórica na obra de Lacan a partir da introdução da noção de *falasser*, cujo efeito será, a meu ver, avaliar a experiência analítica com base na relação entre o gozo e a satisfação. Daí a ideia de uma satisfação que marca o fim.

Por um lado, no lugar do sujeito suposto saber, Lacan evoca o par analisante-analista. A ideia, por outro lado, não indica dois sujeitos incrustados, mas o engajamento assumido em torno de uma satisfação possível de um que não se efetua sem a satisfação do outro.

O que se torna crucial para compreender a urgência de fim é que, com essa reviravolta, Lacan concebe a análise por um viés diferente da travessia da fantasia e de como o sujeito vive a pulsão depois disso. Tal reviravolta, que se cristaliza com a noção de *falasser*, encontra uma segunda virada decisiva com o seminário *O sinthoma*[8].

---

[8]LACAN, J. (1975-1976) *O seminário, livro 23: o sinthoma*. Tradução de Sergio Laia. Rio de Janeiro: Zahar, 2007.

Questão: devemos limitar esse termo ao caso de Joyce ou devemos dele nos servir de uma maneira mais geral a propósito da saída de uma análise? Pessoalmente, sou favorável à segunda opção. Ela pressupõe que o sinthoma concerne à redução do sintoma na análise, até o ponto em que um arranjo com o sintoma se torne não apenas possível para alguém, mas que, além disso, esse arranjo possa ser satisfatório. É, creio eu, a razão pela qual Lacan evoca no mesmo texto "a satisfação que marca o fim da análise"[9] e "a urgência"[10]. Ele o faz seguindo a lógica do texto "De um sujeito enfim em questão", a saber, conectando a urgência ao início da análise e ao desejo do analista.

Antes, como indiquei, Lacan se referia a "psicanalistas"; no "Prefácio", ele se refere aos que irão "se dedicar a satisfazer esses casos de urgência"[11]. O que muda, contudo, é, portanto,

---

[9] LACAN, J. (1976) Prefácio à edição inglesa do Seminário 11. In: *Outros escritos*, op. cit., p. 568.
[10] *Ibid.*, p. 569.
[11] *Ibid.*

o que entendemos por satisfação. O termo já é indicado por Freud quando ele define o sintoma como satisfação substitutiva[12]. O interesse da proposição de Freud é colocar o sintoma como um modo de satisfação. O erro seria acreditar que ele é substituto em relação a uma satisfação que seria a marca original da satisfação.

Quando Lacan sublinha "o gozo que não se deve"[13], é para indicar o princípio do gozo. Ele está sempre em falta. A essência do sujeito é que há uma inadequação quanto ao gozo, ele não convém, não é aquele que se deve, é sempre substitutivo. Não há um gozo que seria o original, aquele que se deve.

É o que permite colocar o trajeto de uma análise como o que vai da disjunção entre o gozo e a

---

[12]FREUD, S. (1910 [1909]) Cinco lições de psicanálise. In: *Edição standard das obras psicológicas completas de Sigmund Freud. Cinco lições de psicanálise, Leonardo da Vinci e outros trabalhos (1910)*. Direção de tradução de Jayme Salomão. Rio de Janeiro: Imago, 1996, volume XI, p. 60.
[13]LACAN, J. (1972-1973) *O seminário, livro 20: mais, ainda*. Tradução de M. D. Magno. 2ª edição. Rio de Janeiro: Zahar, 1985. p. 80, aula de 13 de fevereiro de 1973.

satisfação até a conjunção entre os dois. A satisfação é, nesse sentido, a conjunção do corpo e da linguagem. A partir daí, o que é preciso pesar nas entrevistas preliminares é se a disjunção entre o gozo e a satisfação na entrada de uma análise é suscetível a ser reduzida por uma operação sobre o sintoma.

É igualmente por isso que Lacan, no "Prefácio", substitui o termo "sujeito suposto saber" por "ficar a par"[14] dos casos de urgência. O par diz respeito a todos os casos nos quais analisante e analista estão engajados numa análise. Podemos encontrar formulações que prefigurem a fórmula "ficar a par", como quando Lacan coloca que o analista completa o inconsciente, ou o analista complemento do sintoma. "Ficar a par" vai mais além, implicando o analista como o parceiro de satisfação do analisante.

O que se deve observar é que, quando Lacan, no mesmo texto, escreve "a urgência que a análise

---

[14]LACAN, J. (1976) Prefácio à edição inglesa do Seminário 11. In: *Outros escritos*, op. cit., p. 569.

preside"[15], ele não utiliza o termo "urgência" para ligá-lo a um uso unicamente reservado à demanda de análise e, além disso, ele extrai a urgência de uma conotação estritamente terapêutica.

Certamente, existe, portanto, o fato de que a urgência supõe agir rapidamente, posto que o tempo urge, o que pode ocorrer no caso de uma análise, e não apenas no início. Assim, o termo "urgência de fim" supõe uma grande mudança quanto à abordagem clássica da urgência. A abordagem clássica afirma que a urgência está ligada à terapêutica.

Essa é igualmente a abordagem de Lacan quando ele fala de urgências subjetivas, ou quando ele propõe ultrapassar a urgência pela palavra, ou, ainda, em relação ao sintoma, quando formula que lhe é preciso fornecer um analista de urgência. Ora, o que é uma urgência que não é terapêutica?

É a urgência da vida. Não é a queixa "a análise toma meu tempo de viver a minha vida". É a que surge no tratamento analítico e que se sustenta

---

[15]*Ibid.*

em um dito que o sujeito poderia traduzir desta forma: "o par com o analista me permitiu fazer de outro modo com o par", aquele dos parceiros do sujeito.

Isso reordena a concepção de análise em termos de uma experiência de satisfação. Lacan a formula em seu "Prefácio" a partir da noção de "dar essa satisfação é a urgência que a análise preside"[16]. A urgência que a análise preside é a urgência que impele a voltar, sessão após sessão. Seria o amor de transferência que impele a voltar? O que impele a voltar, penso eu, é sobretudo a urgência de tomar a palavra. É a distinção entre palavra e linguagem. "A linguagem tem todo o tempo", diz Lacan, a palavra é a verdadeira dimensão do tempo e conecta-se à pressa. É o que o analista faz o sujeito sentir. A pressa na análise não é a aceleração do tempo, é a urgência do dizer, um dizer a mais do lado do sujeito, que responde ao dizer do analista, que é "você não disse o suficiente".

---

[16]*Ibid.*

A urgência de fim é algo diferente da satisfação terapêutica. Ela diz respeito a um bem-dizer e comporta uma dimensão de risco, o risco de se lançar sem a rede de proteção que é a transferência. O que se torna urgente para o analisante é liberar a libido, para concentrá-la naquilo que se transforma a nova urgência do sujeito, a urgência da vida. Há os movimentos da urgência, a pulsação entre abertura e fechamento, que se traduz frequentemente em suspensão e aceleração. Exceto que, no fim, não é mais uma urgência descontínua, a urgência de vida toma a frente da transferência. Claro que isso pode se produzir antes do fim. No entanto, não são a mesma coisa a interrupção da análise porque temos outras prioridades e a urgência de vida, que se segue ao vislumbre da queda do sujeito suposto saber.

"Satis" para o sujeito. Já basta. "Já basta", "é suficiente", o que difere de "já durou o suficiente", "basta do jeito que está". É, sobretudo, "já basta porque é isso". Depois de tanta hesitação, concluímos com uma certeza, aquela que resulta de um bem-dizer que satis-faz. Com a marca de satisfação, estamos no nível de uma refundação do sujeito. Há uma passagem que não é necessariamente a travessia da fantasia, mas um novo arranjo com o sintoma.

A urgência de fim não é o analisante com pressa para que se termine, nem o analista que acelera a partir do ato; é, antes, o que decorre do processo de se identificar ao sintoma. É o que se torna urgente fazer na vida. Urgente de fazer com outros parceiros-sintoma. Podemos dizer que mudamos sempre de parceiro depois de uma análise.

A entrada é a urgência forçada, a saída é uma urgência escolhida que surge a partir da função da pressa. Lacan nos adverte de não a usar imaginariamente, referindo-se a uma pressa que se conclui por uma partida arbitrária e que conduziria à errância. É preciso, portanto, distinguir diferentes formas de pressa em relação ao fim da análise. Excluo desta série as soluções prematuras ou as saídas provenientes de uma precipitação.

A pressa não é nem a rapidez resolutiva, nem a urgência, nem a precipitação. A pressa, Lacan formula em "Radiofonia"[17], é somente correta quando produz o tempo de concluir. Ela pode ser cúmplice do engodo e pode levar a uma saída arbitrária.

A verdadeira pressa é um incitador-a-dizer aquilo que nunca estivemos em condição de dizer, e isso até chegarmos ao limite do dizível, muro atrás do qual reside o dizer próprio ao sujeito, sua singularidade íntima, o suporte do conjunto dos dizeres. A pressa é articulada ao ato do analista, mas em ligação com o ato do sujeito. O risco é confundir a pressa conjugada ao ato e a pressa em sua versão imaginária, esta última sendo uma pressa dissociada do ato.

Mas há também o que urge a se produzir e que condiciona o trajeto da análise, a saber, uma satisfação inédita, que não está apenas ligada ao sujeito, mas que concerne igualmente, pelo menos, ao analista. Aqui, o uso do termo "urgência" está completamente separado de

---

[17]LACAN, J. (1970) Radiofonia. In: *Outros escritos*, op. cit., p. 400-447.

uma necessidade ligada ao tempo. O que levanta a questão de saber por que evocar os termos "urgência de fim".

Volto-me, antes, à reviravolta do seminário *O sinthoma*, que condiciona a nova orientação de Lacan no "Prefácio". Lacan retoma, pela via do sinthoma, algo que havia evocado diversas vezes: a análise como operação sobre o sintoma. Isso se cristaliza em torno da fórmula proposta seis meses depois do "Prefácio" e que diz respeito ao fim da análise em termos de se identificar a seu sintoma. Lacan não diz identificação, ele diz se identificar, o que indica um processo que podemos correlacionar à urgência de fim. Sua temporalidade é variável. Ela pode tomar uma forma fulgurante ou, às vezes, pode ser preciso uma série de instantes de ver. O que não indica uma necessidade de resolução rápida.

Urgência de fim não designa o fato de se estar apressado para terminar sua análise, é sobretudo o contrário. Ter pressa de terminar sua análise é como ter pressa para se tornar analista ou para fazer o passe. Em todos esses casos, é uma urgência que está ligada à fantasia. Outra coisa é afirmar que a urgência de fim indica que o processo de fim se impõe ao par analisante-analista como um processo que foi levado a seu termo. Poderíamos supor que a zona da análise que concerne à urgência de fim é aquela da qual nos aproximamos a partir do momento em que há uma dessuposição de saber. No entanto, a última reviravolta do ensino de Lacan, articulando satisfação e fim, coloca as coisas de uma outra forma. Consequentemente, não há satisfação de um sem a satisfação do outro.

Esse é o valor a ser dado, parece-me, ao que Lacan traz sobre a satisfação que marca o fim da análise. O sinthoma é o ser do sujeito, e o *falasser* com ele se satisfaz. A ênfase é colocada no real de uma experiência, uma experiência que não engana, um afeto de fim, inédito e lógico por ser o resultado da operação sobre o sintoma. A questão é saber como o real de uma experiência pode produzir uma satisfação que concerne ao par, portanto, tanto ao analisante quanto ao analista. Em sua "Proposição", Lacan apresenta a "dimensão de miragem em que se assenta a posição do psicanalista"[18]. Essa formulação prepara, por um lado, a noção de miragem da verdade mentirosa, que se encontra no "Prefácio", e exige de nós uma resposta ao que não é uma miragem para a psicanálise. É isso que é abordado no "Prefácio". A verdade mentirosa não quer dizer que há uma verdade que mente, mas, sim, que toda verdade é mentirosa, já que nenhum enunciado equivale ao real. Não cernimos o que constitui o núcleo do sujeito a partir da verdade de seu sintoma, mas, sim, a partir da relação com a satisfação. Isso porque é a experiência de uma experimentação colocada à prova, na qual os dois, analisante e analista, consentem que a urgência da vida, a do analisante, não seja mais do âmbito do par analisante-analista.

Entendo ser esse o verdadeiro efeito de satisfação. É preciso sublinhar que, etimologicamente, a satisfação equivale à aquisição de uma dívida,

---

[18] LACAN, J. (1967) Proposição de 9 de outubro de 1967 sobre o psicanalista da Escola. In: *Outros escritos*, op. cit., p. 258.

uma compensação, termo utilizado por Freud para o sintoma. Mas, ademais, a satisfação é um termo que, em todas as línguas, romanas pelo menos, é feminino. Sem dúvida, isso faz objeção à ideia de que as mulheres são insatisfeitas por natureza, e o termo no feminino é para nos indicar que não há satisfação de fim sem consentir o não todo da mulher.

SOBRE O AUTOR

Luis Izcovich é psicanalista, psiquiatra de formação e doutor em Psicanálise pela Universidade Paris VII, na qual também lecionou. É membro da Internacional dos Fóruns do Campo Lacaniano e de sua Escola. Atualmente, ensina no Colégio de Clínica Psicanalítica de Paris, cidade em que exerce a psicanálise.

Este livro foi finalizado em dezembro de 2021 e
impresso em novembro de 2024 pela Gráfica Paym para Aller Editora.
A fonte usada no miolo é Baskerville corpo 11,5.
O papel do miolo é offset 80g.